BEI GRIN MACHT SICH IHR WISSEN BEZAHLT

AF145170

- Wir veröffentlichen Ihre Hausarbeit, Bachelor- und Masterarbeit

- Ihr eigenes eBook und Buch - weltweit in allen wichtigen Shops

- Verdienen Sie an jedem Verkauf

Jetzt bei www.GRIN.com hochladen und kostenlos publizieren

Bibliografische Information der Deutschen Nationalbibliothek:

Die Deutsche Bibliothek verzeichnet diese Publikation in der Deutschen National-
bibliografie; detaillierte bibliografische Daten sind im Internet über http://dnb.d-
nb.de/ abrufbar.

Impressum:

Copyright © 2017 GRIN Verlag
Druck und Bindung: Books on Demand GmbH, Norderstedt Germany
ISBN: 9783668823600

Dieses Buch bei GRIN:

https://www.grin.com/document/446037

Kristina Gruber

Kursplananalyse für ein Gruppentraining. Planung einer Kurseinheit für Wirbelsäulengymnastik

GRIN Verlag

GRIN - Your knowledge has value

Der GRIN Verlag publiziert seit 1998 wissenschaftliche Arbeiten von Studenten, Hochschullehrern und anderen Akademikern als eBook und gedrucktes Buch. Die Verlagswebsite www.grin.com ist die ideale Plattform zur Veröffentlichung von Hausarbeiten, Abschlussarbeiten, wissenschaftlichen Aufsätzen, Dissertationen und Fachbüchern.

Besuchen Sie uns im Internet:

http://www.grin.com/

http://www.facebook.com/grincom

http://www.twitter.com/grin_com

Deutsche Hochschule für

Prävention und Gesundheitsmanagement

Hermann Neuberger Sportschule 3

66123 Saarbrücken

Einsendeaufgabe

Fachmodul:	Gruppentraining 1
Studiengang:	Bachelor of Arts Fitnessökonomie
Datum **Präsenzphase**	20.06.2017 bis 23.06.2017
Name, Vorname:	Gruber, Kristina
Studienort:	**Stuttgart**
Semester:	**WS 2016**

Inhaltsverzeichnis

1 Motorische Fähigkeiten im Kursbereich

1.1 Motorische Fähigkeit Kraft

„Kraftfähigkeit ist die konditionelle Basis für Muskelleistungen mit Krafteinsetzen, deren Werte über 30 Prozent der jeweils individuell realisierbaren Maxima liegen" (Martin et. Al, 1993, zitiert nach Eifler, 2016 , S.21).

Es werden drei unterschiedliche Erscheinungsformen, der Motorischen Fähigkeit „Kraft" unterschieden. Zum einen die Maximalkraft, die Schnellkraft und die Kraftausdauer (DhfPG, 2016, S. 21).

Es gibt viele Möglichkeiten seine Kraft auch im Gruppentrainingsbereich zu fördern.

Eine Übung die sehr gut zur Kräftigung der Muskeln auch ohne Geräte geeignet ist, ist die „Sprung- Kniebeuge". Die Ausgangsposition befindet sich in einer Kniebeuge, dass heißt man befindet sich in einem Hüftbreiten Stand und die Knie und das Hüftgelenk sind in einer Beugung. Der gerade Oberkörper wird leicht nach vorne gebeugt und die Hände werden locker vor der Brust gehalten. Die Ellenbogen zeigen nach unten.

Nun drückt man sich explosiv nach oben und springt so hoch wie möglich ab. Die Arme werden bei der gesamten Bewegung vor der Brust gehalten. Der Oberkörper bleibt im Sprung nach oben aufrecht und der Rumpf ist angespannt. Nun landet man wieder in der Ausgangsposition und führt die Bewegung zügig fort.

Eine zweite sehr gute Übung zur Kräftigung ohne Gerät, ist das „Delfinschwimmen".

Hierbei legt man sich auf den Bauch, die Arme werden nah an den Körper gehalten. Der Oberkörper, die Beine sowie die Arme werden leicht vom Boden abgehoben.

Die Arme werden nach oben gestreckt, der Rumpf und die Schultern sind unter ständiger Spannung. Die Bewegung wird dynamisch fortgesetzt und die Arme werden wieder zum Körper herangeführt. Diese Übung wird langsam ausgeführt, damit alle beteiligten Muskeln unter ständiger Spannung bleiben.

Beide Übungen werden mit einer Wiederholungszahl von 15 und mit 2- 3 Sätzen durchgeführt. Somit handelt es sich um ein Kraftausdauertraining, dass besonders gut für

Sporteinsteiger geeignet ist und zudem auch eine gute Vorbereitung für andere eventuell schwere Formen des Krafttrainings.

1.2   Motorische Fähigkeit Ausdauer

„Ausdauer ist die Fähigkeit, physisch und psychisch lange einer Belastung zu widerste hen, deren Intensität und Dauer letztendlich zu einer unüberwindbaren (manifesten) Ermüdung (= Leistungseinbuße) führt, und/oder sich nach physischen und psychischen Belastungen rasch zu regenerieren" (Zintl, 1997, zitiert nach Eifler, 2016, S.28)

Die Motorische Fähigkeit Ausdauer wird im Wesentlichen in verschiedene Bereiche untergliedert. Zum einen in die Allgemeine und in die lokale Ausdauer.

Die Allgemeine Ausdauer ist eine sportunabhängige Form der Ausdauer und wird demnach auch als Grundlagenausdauer bezeichnet. Dabei wird mehr als 1/7 der gesamten Muskulatur beansprucht, wohingegen bei der lokalen Ausdauer weniger als 1/7 der Gesamtmuskelmasse beteiligt ist.

Eine weitere Untergliederung, ist die Aerobe und Anaerobe Ausdauer. Steht in ausreichender Menge Sauerstoff zur oxydativen Verbrennung von Kohlenhydraten und Fetten zur Verfügung, so spricht man von der aeroben Ausdauer.

Ein Kennzeichen der Anaeroben Ausdauer, ist ein Sauerstoffdefizit der zu Beginn einer hohen Belastungsintensität einhergeht. Um ein bildhaften Vergleich zu schaffen, kann man das Beispiel des Sprinters verwenden. Üblicherweise kann ein Sprinter während des Laufes nicht soviel Sauerstoff aufnehmen wie er verbraucht, deshalb ist er am Ende des Sprints aus der Puste. Um das Defizit wieder ausgleichen zu können, wird die Ruhephase genutzt.

Falls die Sauerstoffzufuhr auf Grund hoher Belastungsintensität unzureichend ist, wird die Energie einer Sauerstoffschuld bereitgestellt. Man spricht in diesem Fall von der anaeroben Ausdauer.

Unter dem Hinblick der Zeitdauer der Beanspruchung unterscheidet man die Kurz,- Mittel,- und Langzeitausdauer. Die Belastung in einer Kurzzeitausdauer umfasst einen Zeitraum von 35 Sekunden bis 2 Minuten.

Die Mittelzeitausdauer beinhaltet Belastungen von 2 bis 10 Minuten. Ein Kraftauwand der über 10 Minuten bis zu mehreren Stunden umfasst, wird als Langzeitausdauer bezeichnet.

Eine optimale Möglichkeit seine Ausdauer effektiv zu verbessern, ist das meist bekannte „Spinning". Trainiert wird auf standfesten, stationären Indoor Bikes und unter Anleitung eines „Instructor". Üblicherweise wird zur passenden Musik und Trittfrequenz trainiert. Eine Spinningeinheit dauert im Normalfall 45 bis 60 Minuten und gilt daher als Langzeitausdauer. Man kann sowohl im Aeroben als auch im Aneorben Bereich trainieren, je nach Leistungslevel des Teilnehmers.

Eine weitere gute Ausdauereinheit ist das Indoor-Rowing. Hierbei wird das Rudern in einem Boot von der Teilnehmergruppe simuliert. Es wird zum Rhythmus der Musik auf einem Ruderergometer trainiert. Der Gruppentrainer achtet dabei darauf, dass die Bewegung richtig ausgeführt wird und ist zusätzlich der Hauptmotivator der Gruppe. Das Indoor Rowing trainiert die Langzeitausdauer da eine Kurseinheit meist 45 Minuten lang ist und die Belastungsdauer somit entsprechend hoch ist.

1.3 Motorische Fähigkeit Beweglichkeit

„ Beweglichkeit ist die Fähigkeit, Bewegungen willkürlich und gezielt mit der erforderlichen bzw. optimalen Schwingungsweite der beteiligten Gelenke ausführen zu können" (Martin et. al., 1993, zitiert nach Eifler, 2016, S.27).

Einflussfaktoren der Beweglichkeit: • Alter

• Geschlecht

• Gelenkabnutzung

- Temperatur

- Tageszeit

- Psyche

Eine gute Dehnmethode die oft ausgeführt ist, ist das Aktiv- dynamische Dehnen. Dies wird mit einem weichen und rhythmisch Wechsel von Kontraktion und Entspannung des Gegenspielers ausgeführt . Ein passende Übung wäre die Dehnung der Beinrückseite. Hierbei befindet man sich in Rückenlage. Ein Bein bleibt gestreckt auf dem Boden liegen, dass andere wird aufrecht nach oben geführt und mit ständigem Wechseln mit rhythmischen und weichen Bewegungen leicht nach hinten gezogen und wieder losgelassen. Der Bewegungsumfang bleibt hierbei relativ klein. Der untere Rücken bleibt in ständigem Kontakt mit der Matte, sodass kein Hohlkreuz zustande kommt.

Eine zweite effektive Methode seine Muskulatur zu dehnen, ist das statische Dehnen. Das heißt die gewählte Muskulatur wird langsam in die Dehnposition gebracht und einige Sekunden gehalten. Diese Postion wird solange gehalten, bis das Zuggefühl nachlässt. Dies tritt meist nach 30-40 Sekunden ein.

Ein klassisches Beispiel wäre die Dehnung der Hüft-/ Oberschenkelinnenseite. Die Dehnübung wird im Stehen ausgeführt. Ein Bein etwas zur Seite geneigt, sodass im Knie eine leichte Beugung entsteht. Im anderen gestreckten Bein sollte ein Dehngefühl an der Oberschenkelinnenseite spürbar sein. Bei dieser Übung ist außerdem darauf zu achten das der Rücken gerade bleibt und wir den Kopf in Verlängerung der Wirbelsäule mit Blick nach vorne gestreckt lassen.

1.4   Motorische Fähigkeit Koordination

„ Aus neuromuskulärer Sicht bezeichnet Koordination das Zusammenwirken von Zentralnervensystem und Skelettmuskulatur innerhalb eines gezielten Bewegungsablaufes" (Hollman et. al, 1990, zitiert nach Eifler, 2016, S. 30).

Tab. 1 Unterschied zwischen der Intra,- und Intermuskulären Koordination

Intramuskuläre Koordination	Intermuskuläre Koordination
Zusammenspiel von Nerv, - und Muskelfasern während eines bestimmten Bewegungsablaufes.	Zusammenspiel zwischen unterschiedlich beteiligten Muskeln bei einem Bewegungsablauf. Es handelt sich oft um entgegengesetzt wirkende Muskeln, wie zum Beispiel Bizeps und Trizeps.

Um die Intermuskuläre Koordination kontinuierlich zu verbessern sollte der Körper möglichst viele Reize von verschiedenen Rezeptoren gestellt bekommen. Um diese Reize im Körper auzusetzen ist ein Körpergewichtstraining mit einem Bosu Ball oder eines Wackelbretts optimal. Dabei wird die Intermuskuläre Koordination verbessert und die schnellere Reaktion eines Muskels wird als Vorteil gezogen.

Eine Übung auf dem Bosuball wäre der „Mountain-Climber-Liegestütz".

Hierbei wird der Ball zunächst auf die gewölbte Seite auf den Boden gelegt. Man geht zuerst in den vierfüßlerstand, nimmt die Hände auf den flachen Teil des Bosuballs und streckt die Beine nacht hinten ab. Die Anfangsposition befindet sich demnach in der Liegestütze. Die Arme werden kontrolliert abgesenkt und bei der anschließenden Streckung in die Anfangsposition wird ein Knie abwechselnd zum jeweiligen Ellenbogen gezogen.

Eine weitere Übung wäre die Kniebeuge auf einem Wackelbrett mit Kombination des Mezizinballs. Die Ausgangsposition befindet sich in einer Kniebeuge, der Rücken ist leicht nach vorne gebeugt, die Knie sind ebenfalls leicht gebeugt und die Arme sind waagerecht vor dem Körper gestreckt. Nun wird das das Kniegelenk gebeugt, sodass die Oberschenkel parallel zum Boden sind. Nun hebt man den Medizinball der unmittelbar vor dem Wackelbrett liegt auf und geht in die Ausgangsposition zurück. Nun wird der Medizinball hoch gehoben und mit vollem Schwung vor dem Brett auf den Boden geworfen. Daraufhin geht man wieder in die Beugung und wiederholt den Vorgang.

2 Externe Bedingungen einer Kurseinheit

Im Allgemeinen steht die Zielgruppe als Basis für die Planung einer Kursstunde im Vordergrund. die Zielgruppe wird in verschiedene Inhalte gegliedert. Zum einen spielt die

Gruppengröße eine bedeutende Rolle. Als Beispiel kann man eine Wirbelsäulengymnastikstunde nehmen bei der verschiedene Übungen ausgeführt werden und es öfter zu fehlerhaften Ausführungen kommt. Da der Kurs zum größten Teil bei älterem Publikum beliebt ist und sie oftmals Probleme mit der Technik und korrekten Ausführung einzelner Übungen haben, sollte der Gruppentrainer immer eine gute Sicht auf die Teilnehmer haben.

Desweiteren spielt die Altersgruppe, das Geschlecht und das Leistungslevel ebenfalls eine entscheidende Rolle. Nehmen wir als Beispiel den Indoor-Cycling Kurs, der oft in verschiedenen Leistungsstufen angeboten wird. Ein Trainingsbeginner der gelegentlich Ausdauereinheiten absolviert kann den Basic Indoor-Cycling Kurs gut absolvieren. Geht aber ein solcher Trainingseinsteiger in einen Intensiv Cycling Kurs kann die Gefahr steigen das er sich extrem unwohl fühlt, da er mit den anderen Teilnehmern nicht mithalten kann. Dies bringt entweder eine größere Motivation mit sich oder das Mitglied verliert die Lust an diesem Kurs und könnte möglicherweise deshalb aussteigen.

Des weiteren spielen die Rahmenbedingungen, wie Räumlichkeiten, Ausstattung, Tageszeit und das Klima eine wichtige Rolle. Um eine erfolgreiche und zufriedenstellende Kursstunde zu planen , sollte immer darauf geachtet werden das ausreichende Materialien zur Verfügung stehen. Bei Kursangeboten wie z.B. "Bodypump" sind zwingend Utensilien wie Langhanteln und kleine Gewichtsscheiben notwendig um die Stunde optimal ausführen zu können. Die benötigte Ausstattung sollte also grundsätzlich bei jedem Kurs zur Verfügung stehen. Hinsichtlich des Klimas und der Tageszeit sollte der Kursplan aufjedenfall auf die verschiedenen Jahreszeiten abgestimmt werden. Schweißtreibende und körperlich anstrengende Kurse sollten besonders im Sommer auf den Abend geplant werden, damit sich der Raum nicht von der Mittagssonne zusätzlich aufheizt und sich die Gefahr eines Hitzeschocks vermeiden lässt.

Die Übungsauswahl und die Gestaltung des Hauptteils orientieren sich hauptsächlich an dem gesetzten Ziel. Das Warm-Up und das Cool Down bauen sich demnach aus dem Inhalt des Hauptteils auf und sollten passend abgestimmt werden. Aus diesem Grund sollte sich die jeweilige Zielsetzung an den Kurs anpassen und einen sinnvollen Verlauf haben. Infolgedessen wäre es mäßig durchdacht eine hochkomplexe Choreografie zu erstellen und diese für Trainings,- bzw. Kurseinsteiger auszurichten und die Teilnehmer somit zu überfordern. Andersherum wären Fortgeschrittene mit einer leichten Choreografie unterfordert und würden den Kurs unzufrieden verlassen.

3 Kursplananalyse

Abbildung 1: Kursplan Sportprinz Fitness

https://www.sportprinz-fitness.de/files/kursplan/kursplan-7.pdf

Der abgebildete Kursplan ist als Sommerprogramm ausgerichtet und beinhaltet 33 Kursstunden in der Woche. Ein gelungener Aspekt aus der trainingswissenschaftlichen Sicht ist, dass Pausen zwischen den einzelnen Kursstunden eingebaut wurden. Dies ist besonders wichtig, da viele Kurseinheiten zusätzliche Materialien benötigen und es daher an Aufbau,- bzw Abbauzeit benötigt. Besonders auffallend ist, dass das „Fitbox-Workout" nahezu an jedem Tag der Woche stattfindet. Aus wirtschaftlicher Sicht wird erkennbar, dass dieser Kurs von vielen Teilnehmern genutzt wird und die Kursstunden gut ausgelastet sind, da es am häufigsten angeboten wird. Allerdings wird es aus Trainingswissenschaftlicher Sicht erkennbar, dass nur eine Kurseinheit in der Woche mit einer höheren Leistungsstufe angeboten wird. Ein Verbesserungsvorschlag wäre daher, einen zweiten „Intensiv Fitbox" Kurs anzubieten, damit sich die Fortgeschrittenen des Fitbox-Workouts nicht unterfordert fühlen.

Ein weiterer positiver Punkt den man aus der trainingswissenschaftlichen Sicht betrachten kann, ist, dass die Reihenfolge der Kurse entsprechend der Jahreszeit gut geplant wurde. Die körperlich anstrengendsten Kurse werden nachmittags oder abends angeboten. Der längste Vormittagskurs geht bis 13 Uhr und ist demnach, noch bevor die Mittagssonne den Kursraum aufheizt, zuende.

Aus organisatorischer Sicht wird ersichtlich das keine Kinderbetreuung angeboten wird. Besonders Kurse wie Zumba oder Bauch-Beine-Po sind von jungen Müttern heiß begehrt. Demnach wäre ein Beschaffung einer Kinderbetreuung durchaus ein Vorteil. Ein weiterer

Punkt der aufällt, ist, dass die Mehrheit der Kurse besonders abends angeboten wird. Natürlich ist dies kein Nachteil da der Kursplan auf den Sommer ausgerichtet ist, dennoch wird ersichtlich das das Vormittagsprogramm hauptsächlich aus 1 oder 2 Kursen besteht.

Um den Kursraum gut auslasten zu können und eventuell anfallende Kosten durch Nichtnutzung zu vermeiden, wäre ein Vorschlag, dass man den Kursraum Mittwoch Morgen zum „Leben erweckt". Da der Kursraum bis 17 Uhr leer steht und nicht genutzt wird wäre es eine tolle Möglichkeit ein Kooperationsnetzwerk aufzubauen. Zum Beispiel in Form der Vermietung an Tanzschulen oder Kampfsportgruppen.

4 Planung einer Wirbelsäulengymnastik

4.1 Zielgruppe

Um die Wirbelsäulengymnastik erfolgreich zu planen, muss erst die Zielgruppe auf die Gruppengröße, das Geschlecht, das Alter und das Leistungslevel festgelegt werden. Um sicherzustellen das jeder Teilnehmer eine gute Sicht auf den Gruppentrainer und andersherum der Trainer auf die Mitglieder hat, um im Notfall korrigierend eingreifen zu können, wird die Teilnehmerzahl auf 10- 15 Mitglieder festgelegt. Die Personen sind zwischen 20 und 30 Jahre alt und es liegen keine Vorerkrankungen vor. Die Mitglieder sind sportlich Aktiv, jedoch unerfahren im Kursbereich. Das Leistungslevel der Gymnastikstunde wird demnach mit leichten aber effektiven Übungen gestaltet, sodass die Teilnehmer nicht unterfordert werden. Der Kurs ist zudem nicht auf ein bestimmtes Geschlecht geplant, das heißt es dürfen sowohl Frauen als auch Männer am Kurs teilnehmen.

4.2 Material

Es werden folgende Materialien für die geplante Kurseinheit benötigt:
- Gymnastikmatte

- Musikanlage mit CD

4.3 Stundenplanung

Die folgenden Tabellen zeigen die Planung einer 45-minütigen Wirbelsäulengymnastik.

Zu Beginn der Stunde stellt sich der Gruppentrainer herzlich vor und begrüßt die Teilnehmer. Schon während des Beginns der Kursstunde macht sich der Gruppentrainer ein erste Bild über den Gesundheitszustand der Teilnehmer.

Tab. 2 Stundenplanung Allgemeines Aufwärmen

Allgemeines Aufwärmen – 4 Minuten				
Ziel der Übung	Übungsbezeichnung/ Name der Übung	Übungsbeschreibung	Belastungsgefüge	Bemerkung / Hinweise
Mentale Einstimmung auf den WSG- Kurs	March & Walking arms	Mit Fersen abrollen	1 Satz mit je 20 Wiederholungen	Die Bewegungen orientieren sich nach dem Takt der Musik
Das Herz-Kreislaufsystem wird in Schwung gebracht	Side to Side & Schultern kreisen	Mit Fersen abrollen	1 Satz mit je 20 Wiederholungen	Gleichmäßige Atmung
Körperwahrnehmung	Side to Side & rowing arms	Mit Fersen abrollen	1 Satz mit je 25 Wiederholungen	Der Rücken bleibt in einer aufrechten und geraden Haltung
Steigerung der Körpertemperatur	Double Step Touch & Klatscshen	Mit Fersen abrollen	2 Sätze mit je 25 Wiederholungen	Körperspannung
Der Spaß steht im Vordergrund, die Teilnehmer sollen sich auf den Kurs freuen	V- Step & Hände nach oben nehmen	Mit Fersen abrollen	1 Satz mit je 20 Wiederholungen	
Vorbeugung der Verletzungsgefahr	Step Touch & Arme seitlich gestreckt und kreisen	Mit Fersen abrollen	1 Satz mit je 20 Wiederholungen	

Tab. 3 Stundenplanung Spezielles Aufwärmen

Spezielles Aufwärmen – 5 Minuten				
Ziel der Übung	Übungsbezeichnung/ Name der Übung	Übungsbeschreibung	Belastungsgefüge	Bemerkung / Hinweise
Aufwärmen des Halswirbelbereichs	Kopf drehen	Arme in der Hüfte abstützen und abwechselnd den Kopf nach rechts und links drehen	1 Satz mit 8 Wiederholungen	Knie sind leicht gebeugt, Becken wird nach vorne gekippt
Aufwärmen des Halswirbelbereichs	Kopf im Halbkreis drehen	Der Kopf wird abwechselnd nach links und nach rechts im Halbkreis gedreht, die Arme werden seitlich waagerecht, mit den Handflächen nach oben gehalten	1 Satz mit 8 Wiederholungen	Die Knie sind leicht gebeugt, Beckenboden nach oben ziehen
Krämpfe vorbeugen	Lockerungsübung	Arme und Beine kurz ausschütteln	10 Sekunden	
Aufwärmen des Schultergürtelbereiches und der Gelenke	Schultern kreisen	Die Arme werden dynamisch mit nach hinten bewegt, das Körpergewicht wird abwechselnd auf ein Bein verlagert	1 Satz mit je 8 Wiederholungen (pro Seite)	Nach 8 Wdh Richtungswechsel
Mobilisation der Wirbelsäule	Seitneigung nach rechts und links	Breiter Stand, Gewicht wird auf ein Bein verlagert, eine Hand wird auf dem Bein abgestützt die andere Hand greift über den Kopf	1 Satz mit je 10 Wiederholungen	
Mobilisation der Wirbelsäue	Oberkörper drehen	Die Hände werden hinter den Kopf gebracht, die Ellenbogen gehen weit nach oben	1 Satz mit je 15 Wiederholungen	Ausschließlich die Wirbelsäule wird rotiert, der Hüfte bleibt im festen Stand, gleichmäßige Atmung
Vorbereitung auf den Hauptteil	'"Katzenbuckel"	Die Knie sind in einer leichten Beugung, die Arme werden auf den Oberschenkeln abgestützt, beim ausatmen rollt man die Wirbelsäule in einen „Katzenbuckel" und beim einatmet rollt man sich Wirbel für Wirbel in eine gestreckte Rückenhaltung	1 Satz mit 8 Wiederholungen	Breitbeiniger Stand, tiefe Ein⁻ und Ausatmung

Tab. 4 Stundenplanung Hauptteil

Hauptteil – 25 Minuten				
Ziel der Übung	Übungsbezeichnung/ Name der Übung	Übungsbeschreibung	Belastungsgefüge	Bemerkung / Hinweise
Kräftigung der oberen und unteren Rückenmuskulatur	Statische Beugung mit Armbewegung	- breiter Stand - Knie sind gebeugt - Oberkörper im 45 Grad Winkel nach vorne gebeugt - Rücken ist gerade und der Kopf ist in Verlängerung der Wirbelsäule	1 Satz mit 20 Wiederholungen	- Knie gehen nicht über die Zehenspitzen hinaus - Gesäß wird weit nach hinten gestreckt

		- Arme werden auf den Oberschenkeln abgestützt - beide Arme in Verlängerung der Wirbelsäule strecken - Daumen zeigen zur Decke, Blick zum Boden - leichte Auf- und Abbewegungen der Arme		
	Latziehen im Stehen	- Beinstellung wird beibehalten - Oberkörperhaltung wird beibehalten - beide Arme in Verlängerung der Wirbelsäule - Handflächen zeigen Richtung Boden - Arme mit einer Zugbewegung seitlich am Körper heranziehen - Schulterblätter zusammenbringen	1 Satz mit 20 Wiederholungen	- Bauchnabel zieht nach innen - Beckenbodenmuskulatur ist angespannt
	Rudern im Stehen	- Beinstellung wird beibehalten - Oberkörperhaltung wird beibehalten - Ellenbogen im 90 Grad Winkel, Arme liegen eng am Körper an - Ellenbogen ziehen ang am Körper nach oben, sodass die Schulterblätter aneinander kommen	2 Sätze mit 15 Wiederholungen	- gleichmäßige Ein- und Ausatmung
Stärkung der Bauchmuskulatur und Verbesserung der Körperspannung	Knieheben im Vierfüßlerstand	- Vierfüßlerstand - Zehenspitzen aufstellen - Knie werden leicht vom Boden abgehoben - Abwechselnd mit einem Knie auf den Boden tippen	1 Satz mit 20 Wiederholungen	Übergang Stand zum Boden: ein großer Schritt nach vorne, mit einem Knie auf den Boden, auf dem Bein abstützen, seitlich absetzen, Arme auf die Matte absetzen
Verbesserung der Koordinationsfähigkeit und der Körperspannung	„Waage"	- Ausgangsposition ist der Vierfüßlerstand - ein Bein wird gerade nach hinten ausgestreckt - der gegenüberliegende Arm wird ebenfalls gerade nach vorne gestreckte - der Rücken wird leicht eingerollt, dass gestreckte Bein und der Arm wird in die Körpermitte gezogen - Ellenbogen und Knie berühren sich kurz - dann langsam in die Ausgangsposition zurückgehen	2 Sätze mit je 15 Wiederholungen	- gleichmäßiges Ein- und Ausatmen - Rücken wird in der Ausgangsposition gerade gelassen - das Becken bleibt in einem festen und gerade Stand
Verbesserung der Koordinationsfähigkeit, Kräftigung der Gesäßmuskulatur	„Kombi-Übung"	- Ausgangsposition ist im Vierfüßlerstand - ein Bein wird nach hinten ausgestreckt und leicht nach oben und unten gewibbt	2 Sätze mit jeweils 12 Wiederholungen (pro Seite)	- Arme bleiben fest im Boden unter den Schultergelenken - Becken bleibt in einer festen und neutralen Position

		- Positionswechsel ohne Absetzen: Bein anwinkeln, Ferse zeigt zur Decke, Zehenspitzen anwinkeln und kleine Auf- und Abbewegungen in Richtung Decke machen - Positionswechsel ohne Absetzen: Bein wird nach unten geführt, Knie wird nicht abgesetzt, Kniegelenk befindet sich im 90 Grad Winkel und wird seitlich nach oben gehoben		- Bauchnabel zieht nach innen - Blick zeigt in Richtung Boden
Stärkung der Körpermitte und Verbesserung der gesamten Körperspannung	Knieposition und Beinheben	- Ausgangsposition ist auf den Knien, Gesäß ist in aufrechter Position - ein Arm wird seitlich auf 3 Fingern leicht abgestützt - die Hauptbelastung liegt auf einem Knie - das andere Bein wird angewinkelt und leicht auf dem Boden abgesetzt - die andere Hand wird in die Hüfte gelegt - Das Bein wird leicht vom Boden abgehoben - es folgen kleine Auf- und Abbewegungen	2 Sätze mit je 15 Wiederholungen	- die Belastung liegt auf der Körpermitte, die 3 Finger dienen als Stütze
Kräftigung der Rumpfmuskulatur	„Beckenheben mit gestrecktem Bein"	- Ausgangsposition ist die Rückenlage - Schultergürtelbereich bleibt fest auf der Matte - die Beine werden nacheinander angewinkelt, die Fersen bleiben fest im Boden - die Arme liegen seitlich neben dem Körper als Stütze auf dem Boden - das Becken wird langsam nach oben gedrückt - das Becken wird weiterhin oben gehalten und ein Bein wird abwechselnd ausgestreckt und leicht nach oben und unten gewippt	1 Satz mit je 15 Wiederholungen (pro Seite)	Übergang vom Knien zur Rückenlage: seitliches Absetzen auf die Hüfte, Ablegen auf die Körperseite, umdrehen auf den Rücken

Tab. 5 Stundenplanung Cool- Down 2

Schlussteil – Cool Down 2 – 10 Minuten				
Ziel der Übung	Übungsbezeichnung/ Name der Übung	Übungsbeschreibung	Belastungsgefüge	Bemerkung / Hinweise
- Dehnung der Rumpfmuskulatur - Entspannung	Dehnung seitliche Rumpfmuskulatur	- Ausgangsposition ist in der Rückenlage - Beine werden angewinkelt auffegstellt - Arme liegen seitlich gestreckt am Boden - Beine werden auf eine Seite gelegt - der Blick geht in die entgegengesetzte Richtung	Jeweils 30 Sekunden pro Seite	Rückenlage wird beibehalten
- Dehnung der Oberschenkelmuskulatur	Dehnung der Oberschenkelvorderseite	- Ausgangsposition ist in der Rückenlage - ein Bein wird gebeugt, bis es auf dem Oberkörper aufliegt - das gebeugte Bein wird mit den Armen umgriffen und fixiert - das andere Bein wird ausgestreckt	Jeweils 30 Sekunden pro Seite	- Rücken, spezielle im LWS- Bereich liegt fest auf der Matte
- Entspannung der Rumpfmuskulatur - Lockerung der Muskulatur		- Ausgangsposition ist in der Rückenlage - Beine werden angewinkelt, Fersen stehen fest auf der Matte - Arme werden seitlich ausgestreckt und liegen entspannt auf der Matte - beide Beine werden auf eine Seite gekippt - der Blick richtet sich in die entgegengesetzte Richtung	Jeweils 30 Sekunden pro Seite	
- Entspannung der Rückenmuskulatur	„Päckchen"	- Ausgangsposition ist in der Rückenlage - Beide Arme werden zum Oberkörper gezogen - Arme umgreifen die Beine - die Beine werden langsam und sanft gekreist - der Rücken bleibt entspannt	2 Durchläufe mit je 30 Sekunden	
- Dehnung der Rücken,- und Bauchmuskulatur	„Äpfel pflücken"	- Ausgangsposition ist im Schneidersitz - Hände werden zur Decke gerichtet und abwechselnd nach oben und unten gezogen	Ein Durchlauf mit 30 Sekunden	
- aufrechte Haltung	Dehnung der Brustmuskulatur	- Ausgangsposition ist im Schneidersitz - Ellenbogen werden leicht gebeugt und die Arme werden seitlich ausgestreckt - die Schulterblätter gehen zusammen und die Arme gehen soweit es geht nach hinten wie es geht	Ein Durchlauf mit 30 Sekunden	- beim Einatmen in die Dehnung gehen - beim ausatmen etwas entspannen
- aufrechte Haltung	Dehnung der oberen Rückenpartie	- die Ausgangsposition befindet sich im Sitzen auf der Matte	Ein Durchlauf mit 30 Sekunden	- gleichmäßige Atmung - die Position wird gehalten

		- Beine sind leicht gebeugt, die Füße sind angezogen - die Arme werden vor dem Brustkorb gestreckt und berühren sich - der oberere Rücken rollt sich leicht aus, sodass die Schulterblätter weit auseinander gehen		
- Entspannung der Wirbelsäule	Atemübung	- Ausgangsposition ist im Hüftbreiten Stand - Knie leicht gebeugt -die Arme werden beim tiefen einatmen weit nach oben geöffnet - beim ausatmen werden die Arme locker in Richtung Boden gebracht der Rücken rollt sich ein	Ein Durchlauf mit 30 Sekunden	Übergang vom Boden ins Stehen: über die Seite auf die Knie aufrichten, ein Bein wird aufgestellt, die Arme stützen sich auf den Oberschenkel, beide Beine stehen auf der Matte und man rollt sich langsam in eine aufrechte Haltung

4.4   Begründung

Um eine optimale Kurseinheit planen zu können, spielt die Reihenfolge der Übungen eine entscheidende Rolle. Durch eine gut geplante, sinnvolle Abfolge der Übungen wird die Bemühung und somit die Qualität des Gruppentrainers ersichtlich.

Um einen optimalen und flüssigen Übergang der verschiedenen Phasen zu finden, wird die erste Übung im Hauptteil in einer Standposition begonnen. Da die letzte Übung des speziellen Aufwärmens ebenfalls im stehen durchgeführt wird. Die ersten drei Übungseinheiten werden alle in einer statischen Beugung ausgeführt, bei dem unterschiedliche Muskeln aktiviert werden. Um ein unnötiges Ab, - und Aufstehen zu vermeiden werden die Standübungen am Anfang und direkt nacheinander absolviert.

Da die Wirbelsäulengymnastik kraft,- sowie gesundheitsorientiert ausgerichtet ist, werden die 3 Anfangsübungen im Stehen von leichter Beanspruchung zu schwerer Beanspruchung aufgestellt. Da die Teilnehmer sportlich Aktiv sind ist, ist diese Aufstellung der Übungen sinnvoll, da der Kurs effektiv gestaltet werden soll.

Des weiteren wurden die Reihenfolge so bestimmt, dass die zwei Gegenspieler Rücken und Bauch nacheinander gestärkt werden, um eventuelle Muskuläre Dysbalancen nachhaltig vorzubeugen. Hierbei wurden die Übungen auch von leichter zu schwerer Belastung durchgeführ. Die Muskulatur wird außerdem nach besonders anstrengenden und anspruchsvollen Übungen kurz aufgelockert, um sich auch mental auf die folgenden Übungen vorzubereiten. Die zweite Bauchübung wurde bewusst ausgewählt, da es eine anspruchsvolle Koordinationsübung ist und somit die Konzentration und Aufmerksamkeit der Teilnehmer steigt.

Die folgenden Übungen werden alle in Bodenposition absolviert, damit ein flüßiger Übergang gewährleistet ist. In den folgenden Übungen werden die Beine sowohl das Gesäß beansprucht. Um dem Hauptteil der Kurseinheit einen extra Kraftkick zu geben, der nebenbei auch Spaß macht und von dem vorallem die Damen des Kurses profitieren werden, ist die „Kombi-Übung". Auch die nachfolgende Übung ist in einer hohen Intensität geplant, da bei beiden Übungen die Hauptrumpfmuskulatur beanspruchen. Um dem Hauptteil einen fließenden Abschluss, sowie einen flüssigen Übergang in das Cool Down zu verschaffen, wird die letzte Übung mit einer geringeren Intensität absolviert. Da die erste Übung im Cool Down in Rückenlage stattfindet, wird die letzte Einheit ebenfalls in der Rückenposition geplant.

5 Literaturverzeichnis

Eifler, C. (2016). *Studienbrief Gruppentraining 1*. Deutsche Hochschule für Prävention und Gesundheitsmanagement. Saarbrücken

Trainingsworld.de. *Inter,- und Intramuskuläre Koordination*. Zugriff am 04.07.2017. Verfügbar unter: https://www.trainingsworld.com/training/krafttraining/inter-intramusku-laere-koordination-kampfsport-2903018

redbulletin.com. *Trainieren mit dem Bosu Ball*. Zugriff am 05.07.2017. Verfügbar unter: https://www.redbulletin.com/de/de/sports/fitness-ubungen-mit-dem-bosu-ball

fitnessübungen-zuhause.de. *Eigengewichtsübungen*. Zugriff am 05.07.2017. Verfügbar unter: https://fitnessuebungen-zuhause.de/eigengewichtsuebungen_bwe_bodyweight_exercises.html

6 Abbildungs- und Tabellenverzeichnis

6.1 Tabellenverzeichnis

6.2 Abbildungsverzeichnis